樱桃小丸子

ちび

书

著作权人　日本动画株式会社

企划·制作　上海世纪华创文化形象管理有限公司

少年儿童出版社

小丸子主要人物介绍

樱桃小丸子
（樱 桃子）

喜欢的食物：布丁、汉堡牛排

成天无忧无虑、懒懒散散，但对感兴趣的事情充满着好奇心，经常冒出一些稀奇古怪的想法。小丸子性格和善，乐于助人，当然也难免多管闲事。

姐姐
（樱 幸子）

性格沉稳、做事认真，所以对小丸子的调皮捣蛋行为很头疼。但当小丸子遇到困难时，又总会伸出援手。

爸爸
（樱 广志）

粗心大意，做事漫不经心。经常装傻，把逗小丸子发急当做自己的乐趣之一。但在关键时刻，爸爸依然是家里的顶梁柱。

妈妈
（樱 堇）

能干、贤惠的妈妈烧得一手好菜。经常生小丸子的气，但只要一看到小丸子撒娇求饶的样子，就会心软下来。

爷爷
（樱 友藏）

性格和蔼，记性不好，超级溺爱小丸子，和小丸子的感情特别好。但小丸子经常用花言巧语从爷爷那儿骗到一些零花钱。

奶奶
（樱 小竹）

性格稳重、随和，总是在全家悠闲自得的气氛中，忽然不经意地说出一针见血的见解。

小玉
（穗波 玉）

性格温和、善良。她是小丸子的死党，总能认真倾听小丸子的想法。她的内心其实充满了浪漫的幻想。

滨滨
(滨崎 宪孝)

开朗、直率、胸襟开阔的男生。经常在同学们面前模仿表演，赢得大家的笑声。和小丸子很合得来。

花轮
(花轮 和彦)

富家公子，经常在大家面前摆阔，让人又羡慕又嫉妒。总的来说是个亲切的小绅士，但也有个缺点就是写字很难看。

丸尾
(丸尾 末男)

班级的班长，个性活泼，头脑聪明，说话文质彬彬。希望自己能够继任下个学期的班长。口头禅是：请投我一票！

永泽
(永泽 君男)

阴沉、怪癖的男生。家里曾经遭受一场火灾。总是冷不丁冒出损人的话，把气氛搞僵。和藤木关系不错。

藤木
(藤木 茂)

班里最高的男生。性格有些阴暗，气量很小。遇到麻烦事就爱说谎或做些不妥当的事，经常支持永泽同学。

野口
(野口 笑子)

外表有些阴沉的女孩，经常会躲在人家背后发出“嘁嘁嘁……”的笑声。但事实上，她非常喜欢搞笑的电视节目。

猪太郎
(富田 太郎)

每说完一句话都会发出“哼唧”的声音，因此就得到了“猪太郎”的外号。毫无心机，有一点小气，崇拜大野和杉山同学。

美环
(美环 花子)

超级迷恋花轮同学的女生。她很喜欢洋装，对花轮同学身边的每一个女生都充满了敌意。

樱桃小丸子
ちびまる子ちゃん
烤地瓜里隐藏了阴谋

放学后，小丸子回到家里。
这分数也太惨了点吧……
啊……
被妈妈看到我可就惨了！
小丸子！！
妈妈饶命啊！
哇呀！哇呀！
得赶快把它藏起来。
可是，藏在什么地方好呢？
小丸子又到厨房转了一圈。

唉！不管藏哪里，都会被妈妈嗅出来吧。
汪汪！
找到了！
真伤脑筋！
小丸子走到院子里，看见草坪上到处散落着枯叶。
小丸子，我们来烧落叶取暖吧！
小丸子想到了“解决”试卷的好法子。
呵呵~~
爷爷，我们来烤地瓜吧！
这主意不错。
爷爷和小丸子把落叶堆在一起。
爷爷用废纸点燃了落叶堆。
嘻嘻！用火把试卷烧掉就行了！

我怎么早没想到这个办法……
小丸子在心里忍不住偷笑。
嗯，一定会烤得很香哦。
啊，什么？
我们不是要烤地瓜吗？
呃……差点忘了……
嗯！我这就去拿！
小丸子跑到厨房。
没有耶……
你在干什么？
妈妈，有地瓜吗？我和爷爷想烤地瓜吃。
现在家里可没有哦。
拿去！用这些钱买吧！
小丸子从爷爷手里接过了买地瓜的钱。
爷爷，那我走啦！
火堆就拜托你拉！
嗯！包在我身上！

不管发生什么事，我樱友藏都会保护好这堆火的！
天不从人愿，火堆很快就熄灭了……
小丸子买完地瓜回到家。
爷爷，久等了！
小丸子，爷爷对不起你。
爷爷……
我已经很努力不让火熄灭了……
小丸子和爷爷只好重新来。
嗯，可以点火了！
好机会！
爷爷！我有纸哦！

你们要烧落叶吗？千万小心哦。
小丸子刚掏出试卷，妈妈却突然出现了！
放心吧！
来得真不是时候……
爷爷，我去拿报纸！
落叶终于点燃了。爷爷把地瓜一个接一个放进落叶堆，小丸子想趁爷爷不注意，偷偷把试卷扔进火堆里……
你们在烤地瓜吗？
但计划再次失败。
是啊。烤好了我会叫你的啦！
火烧得很旺呢！马上就能烤好了！
糟糕！再磨磨蹭蹭的话，火就要烧完了！

哎，在烤地瓜吗？
在余火中慢慢烤，味道会更甜哦。老爷子，再加点落叶吧。
爷爷放了太多落叶，烤地瓜的火熄灭了。
小丸子，不能把报纸直接放进去，给我吧。
嘻嘻！天赐良机！
小丸子把试卷夹在报纸里，想自己来点火，可是奶奶却阻止了她。
那个……这张报纸不行！
为什么？
因为上面有很多好看的漫画……
小丸子只好去拿其他的报纸来给奶奶生火。
没办法，事已至此，只能用那招了……

完成了！
小丸子打算将叠好的纸飞机扔向火堆。
很好！去吧！
纸飞机笔直地飞向火堆……
呼~~
一阵风却将纸飞机吹离了火堆。
爷爷顺势接下纸飞机。
糟了！！
小丸子惊慌失措！

爷爷，接得好。
小丸子从爷爷手里夺过纸飞机。
可恶！我一定要烧掉它！
小丸子，不用啦！
没关系，再加点吧！
小丸子把试卷藏在落叶里，然后把落叶撒在了火堆上。
拜拜啦！
小丸子本以为计划终于顺利进行了，谁知突然下起雨来……
哗啦啦～
爷爷赶紧把地瓜取了出来。
真是天有不测风云。
地瓜烤好了，大家坐在一起品尝着。
这时，小丸子在落叶堆里发现了试卷的一角！
居……居然还没烧完？！

妈妈，该做晚饭了吧？
对哦。
小丸子只好想办法把大家支开，以便销毁“证据”。
姐姐，今天好像会播秀树的电视剧哦。
咦？真的？！
爷爷，有只蟑螂爬到你房里去了！
爷爷慌慌张张地赶回屋子。
真是天助我也！烧吧，烧吧！呵呵！
一阵风使未燃尽的火苗复燃了！
爷爷却拎着一大桶水把火浇灭了……
好险呀，小丸子你没事吧？
呃……
嗯？这是什么？
爷爷在落叶堆里找到了小丸子的试卷。
没什么啦！快给我！
这一幕正好被妈妈撞个正着。
嗯？
得了这么点分数还想烧掉，你这个孩子！
妈妈一把抢过小丸子的试卷，勃然大怒！

樱桃小丸子
ちびまる子ちゃん
和姐姐一起看家

这天晚上，爷爷正在为大家表演魔术。
用这根拐杖敲一下……
啪啪！
啪啪！
爷爷好厉害！
他会在明天的老人会上表演这个节目呢！
妈妈突然接到朋友打来的电话。
妈妈明天要出门？
嗯，我会晚点回来。
原来小丸子妈妈的朋友住院了。

姐姐，你明天6点才回来？
是啊。
可以随便看漫画和电视了呢！嘻嘻！
明天大家都不在，在姐姐到家前你一个人看家，行吗？
其实小丸子心里高兴得不得了。
爷爷却因为担心小丸子而开始胡思乱想……
不许叫，把手举起来！
老爸……
爷爷……
小丸子遇到强盗怎么办啊？
我，我明天不去老人会了！
小丸子不要怕！爷爷来保护你！
老爸，小偷不会进我们家的。
没错！我们家实在没什么好偷的！

第二天。
千万别弄丢了哦！
妈妈把门钥匙交给小丸子。
小丸子来到学校。
小玉，我今天要一个人看家哦！
哇，小丸子好厉害啊！
小丸子放学后回到家。
她取下钥匙，大门却怎么也打不开。
这时，一名巡警停在小丸子家门前。
他不会把我当成小偷了吧？
你就是街头巷尾传说的那个神偷吧？
我……我什么都没做啊！呜呜……

心惊胆战的小丸子总算打开了门。
走道里空荡荡的……
如果是平时的话……
你回来啦，小丸子。
小丸子回来啦！
小丸子感到有些寂寞。
咦，那是什么？
哇！原来妈妈买了蛋糕啊！
姐姐、小丸子，辛苦你们看家了！我会尽量早点回来，你们一起吃点心等着吧！——妈妈
嗯，等姐姐回来一起吃吧。

夕阳西下。
姐姐应该快回来了吧！
怎么还没回来呢？
小丸子有点着急。
姐姐回来了！
是小丸子……她站在那儿干吗？
小丸子心想姐姐差不多该回来了，便来到家门口等着。
姐姐生怕小丸子着凉，赶紧带她进屋。
哈啾！

你可以边看电视边等我啊。没感冒吧？
没有啦！
看到小丸子又把房间弄得一团糟，姐姐无奈地叹了口气。
你啊……
呵呵……
姐妹俩一起吃妈妈准备的点心。
好吃！好吃！
因为吃得太快，小丸子噎住了。
呃……咳咳！
来，喝口茶。
吃完点心要去写作业哦。
作业待会儿再说啦……
小丸子坐到电视机前换台。
妈妈不在你就忘乎所以啦！真不像话！
哇！这节目好有趣！

快点去做作业！
姐姐生气了。
姐姐索性把电视机关了。
哼，就知道摆姐姐的臭架子！
对付你这样的妹妹只能用这种方法！
姐姐来到厨房刷碗。
我语气是不是太重了？
我记得可可粉摆在这里……
姐姐感到有些过意不去。

啊！找到了！
小丸子一个人在房间里生闷气。
姐姐轻轻走到小丸子身旁，递上一杯热可可。
给你，喝吧！
你帮我泡的？哇！
味道怎么样？
有点淡，和妈妈泡的不一样呢。
不过还是谢谢姐姐！
姐妹俩终于重归于好。
妈妈，你已经到车站了？
这时，妈妈打来了电话。
咔嗒！
妈妈要回来了，太好了！
妈妈一定累了吧？

对了！我们也给妈妈泡杯热可可吧！
妈妈一定会很高兴的！
好主意！
姐妹俩冲到厨房，立即开始制作热可可。
姐姐，要好好搅拌哦。
我知道了啦！
妈妈正在回家的路上。
不一会儿，门铃响了！
妈妈回来了！
这杯热可可，可以说是女儿们对母亲爱的回赠吧。

樱桃小丸子
ちびまる子ちゃん

都是为你着想

今天很冷哦！毛线裤穿了吗？
每件事都要问啊……
我是为你着想才问的嘛！
爷爷，我上学去啦！
嗯，走好！
爷爷再见！
小丸子走着走着……
咦？
她一回头，发现爷爷还站在原地向她挥手。
小丸子，路上小心！
爷爷，可以了啦……

学校里。
我妈妈一大早就好啰嗦啊。
我妈妈也是。
我是为了给小玉留个纪念才拍照的哦！
我爸爸常说这样的话呢。
我爸爸也是。
啊？
每天陪我做仰卧起坐，说是为了我着想。
28、29、30！
看来山根比我惨多啦……
小丸子，怎么了？
我找不到手帕了！

昨天的班会上丸尾特意提醒过……
明天大家别忘带手帕。
完了……
所以说，妈妈是为了你着想才问的嘛！
忘带手帕会被罚打扫操场呢！
你好，这里是樱家。
爷爷……
小丸子只能向家人“求救”。
啊！是小丸子呀！
爷爷，我今天忘记带手帕了，你能帮我送来吗？
明白了！我马上来！

小丸子走到校门口。
啊，是爷爷。
小丸子！
学校
能这样和小丸子见面，爷爷好激动啊！
给！
谢谢爷爷！
出乎小丸子的意料，爷爷带来一条奇怪的手绢。
我没找到你的手帕。
原来如此……
学校
这是爷爷最喜欢的一条手绢。
嗯！以后有事我就找爷爷帮忙！
校
包在我身上！为了小丸子，樱友藏甘愿赴汤蹈火！

晚上。
父女俩正在看电视。
小丸子，去叫妈妈再泡一壶茶。
从暖炉旁离开很冷的。
真是的！干吗不自己泡啊！
第二天。
妈妈准备的早饭还是沙丁鱼干。
天天吃鱼干，人都快变成鱼干了。
少抱怨，快点吃！

小丸子把鱼干给了爷爷。
我是为了爷爷着想哦！
谢谢你，小丸子……
明明就是自己不想吃！
我都说了是为你好才叫你吃的。
什么嘛！
小丸子……
你不必为我着想啦！多事！
小丸子没吃早饭就去上学了。
肚子好饿啊……
午饭时间就快到了。

今天的午饭是什么呢？
唉……
小丸子没法集中精神听课。
咕噜噜！
啊！
小丸子的肚子在叫耶！
真丢人！早知道就把早饭吃完再来了……
小丸子……
放学后，小丸子回到家。
你要出门吗？
嗯，和小玉约好了。

还是布丁好吃啊！
小丸子，你妈为了让你健健康康的，怀孕时天天吃自己不喜欢的鱼干呢。
啊……
原来妈妈在我出生前，就开始为我着想了呢。
请称点沙丁鱼干。
好！
妈妈……
这几天沙丁鱼干很便宜呢。
多谢惠顾！
原来妈妈是因为沙丁鱼干便宜，才一直买来做早饭的。
小丸子本想和妈妈道歉的……
沙丁鱼干什么的，最讨厌了……

樱桃小丸子
ちびまる子ちゃん

做挂历吧

爷爷。
小丸子，我给你买。
爷孙俩刚想出门，却被妈妈逮个正着。
买那种挂历太浪费了！
挂什么样的挂历会影响一整年的心情哦！
又在说傻话了。这本挂历也不错嘛！
小丸子一点儿也不喜欢。
仏像の世界
要不你自己做一个？
啊？
对！我要让你们大吃一惊！
这个怕麻烦的家伙能做出什么稀奇的东西来啊。
我也来帮忙。

小丸子和爷爷开始做准备工作。
工具准备完毕！
1月是新一年的开始，画得喜气点吧！
嗯！
有新年的味道吗？
爷爷，这个太普通啦……
对了！画血红的富士山怎么样？
血红的……富士山？！
这样如何？
很不错哟！
小丸子又添上了一只风筝。
哇！绝对吸引眼球！

这时，小丸子的脑袋里冒出一个鬼主意。
在画上写上压岁钱，把这幅挂历放在客厅……
谢谢您！
客人如果看到，一定会自觉掏腰包的吧？
お年玉
小丸子美滋滋地想着。
9月和10月画什么呢？
最后，爷孙俩决定互相替对方画肖像画。
画得挺逼真的嘛！
啊！围棋节目开始了。
小丸子，爷爷去看会儿电视哦！

时间一分一秒地过去。
总觉得缺点什么……
小丸子刚想再画点什么……
小丸子！快过来帮忙！
哇啊！
这下怎么办？
快给我起来！
妈妈真爱使唤人……
小丸子回到房间。

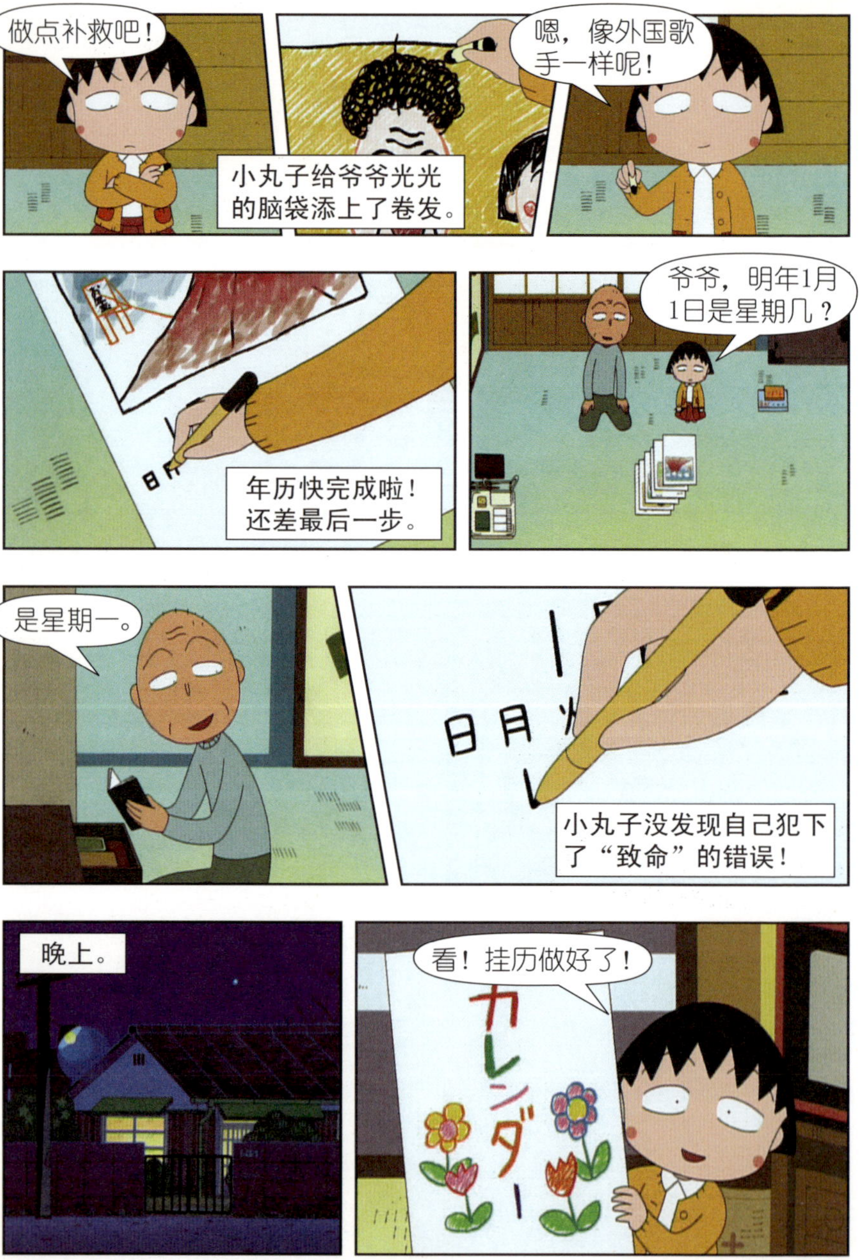
做点补救吧！
小丸子给爷爷光光的脑袋添上了卷发。
嗯，像外国歌手一样呢！
年历快完成啦！还差最后一步。
爷爷，明年1月1日是星期几？
是星期一。
小丸子没发现自己犯下了“致命”的错误！
晚上。
看！挂历做好了！
カレンダー

让我们看看吧！
好！
首先是1月和2月！
咦？红富士是指夏天到秋天的富士山吧。
你在风筝上写了“压岁钱”啊！真狡猾！
那三个字真是再显眼不过了。
お年玉
接下来是3月和4月。
3月3日は ひな祭りパーティしよう。
だんご
那行字……难道是让我办女儿节宴会？
3月3日は ひな祭りパーティしよう。
だんご
5月和6月小丸子画了生日蛋糕和礼物，意图也很明确……
うさちゃん
おふろセット
7月和8月，小丸子画了海边度假，爷爷画了放河灯。
我画得不错吧？

气氛有点尴尬。
呃……
快点看下一张吧！
因为有敬老日，我画了爷爷的肖像画。
9月
10月
哈哈，爷爷的发型真有趣！
小丸子，把挂历收起来吧。
等一下，还有最后一张！
最后一张一定写着圣诞节希望收到的礼物吧。

被戳穿了……
总之，这份挂历不能挂出来！
为什么？这可是爷爷和我的心血啊！
我说老头子，明年的1月1日是星期二哦。
啊？
爷爷！
1月
2月
日月火水木金土
糟糕！我查的是今年的记事本！
什么……
因为一天的误差，这爷孙俩的努力都付诸东流了……

樱桃小丸子
ちびまる子ちゃん

在家举办点心自助餐

那么地点就定在樱同学家。大家各自带两种点心哦！
周六，小丸子在家准备派对。
妈妈，我来帮忙！
帮我把这个倒进模具里。
嗯！
不过普通的布丁没什么意思啊。
我们做个特大的吧！
啊？
小丸子说干就干！
放进冰箱，完成！
小丸子又开始做甜甜圈。
好怪的形状！
没关系的！做完我来炸。

甜甜圈炸好了！
小丸子在甜甜圈上撒上砂糖。
小丸子，布丁凝固好了吗？
快去看看，时间差不多了。
哦。
超级布丁能否制作成功呢？
但愿能完整地拿出来。
啊！失败了！
别急，妈妈会想办法的！
终于弄好了。
妈妈用奶油和橙子将破损的布丁装饰得十分漂亮。

前田家。
奶奶，我要去樱同学家。
点心买好了吗？
什么点心？
没办法，只能用卡斯提拉代替了……
点心派对正式开始！
好丰盛啊！
前田感到卡斯提拉有点拿不出手。
年子妈妈做的蛋糕好漂亮！
把大蛋糕切成小块，做点可爱的装饰就行了。

好好吃！
小丸子的甜甜圈也很好吃！
嗯！
我的卡斯提拉平淡无奇啊……
前田的心里只盼着一件事：就是大家能快点尝尝卡斯提拉。
啊！
可是小丸子选择了泡芙。
小玉的泡芙也很棒！
再尝尝饼干吧。
我不客气啦！
啊呜啊呜~

前田感到很失落。
你们为什么不吃我带来的点心啊？
沉默……
嗯……刚想吃来着……
大家一人拿了一片。
这个……
已经干掉了！
难道已经放了很久……
呜呜呜……
难吃的话你们就直接说吧！
明明是自己没做好准备，反倒自己替自己叫屈。

怎么了呀？
我的卡斯提拉干掉了……
唔……
我用糖汁滋润了一下，大家尝尝看。
小丸子的妈妈尝过后，把剩下的卡斯提拉重新加工了！
味道完全不一样了！
阿姨，谢谢你！
没事！
你们在做什么呀？
在开点心派对！
我也能加入吗？

爷爷兴冲冲地去买点心了，与此同时，前田奶奶送来大福等日式点心。
大福
大福
肚子有点撑了呢……
嗯……
小丸子，等我呀！
你是小丸子班上的……
我是小杉！
我带了烤地瓜，也让我加入吧！
听说小丸子他们在开点心派对，小杉抱着烤地瓜急急忙忙赶往小丸子家。

小杉？
不好意思，大福也吃完了……
点心派对已经结束了。
抱歉啊。
怎么这样！
呜哇！
还以为能吃到好多点心呢！
呜呜……
气死我了啦！
不走运的小杉只能狼吞虎咽地开始吃烤地瓜。

樱桃小丸子 ちびまる子ちゃん

小丸子用包袱皮

呃……
提着那种袋子上学会被同学笑话的吧！
奶奶用漂亮的包袱皮把书本包了起来。
看！
哇，就像一个小拎包！
完全看不出是包袱皮做的呢！
这个包好可爱！
嗯！

小丸子提着奶奶做的拎包去上学。
小丸子，那是什么啊？
里面装着书，是奶奶帮我包的！
美环也好奇地凑过来看。
这是包袱皮做的！
哦？我还以为是新款手提包呢！
真新奇！
小丸子把包里装的书抖了出来。
樱同学，能不能再包一次给我看看？
这样……好像不对……
我忘记怎么包了……
不好意思……

真符合樱同学的风格呢！
用包袱皮做拎包真的好神奇！
嘿嘿……
奶奶帮我做的拎包，大家都说很棒呢！
小丸子回到家。
哟！小丸子已经回来了呀！
小丸子决定向奶奶学习打包方法。
这是代表吉祥的唐草图案。
小丸子，拿个皮球过来吧。
好！
奶奶又叫爷爷拿来两个空啤酒瓶。
辛苦了。

奶奶示范了皮球的打包法。
好嘞！
不知不觉包了这么多哪。
哇！
我也来试试！
嗯，小丸子做得很好哦！
完成！
晚饭时间。
我现在是打包专家了！是吧，爷爷？
没错！
姐姐，你有想包的东西吗？
没有！
人家正在兴头上呢，好冷淡！

这种事不用急啊。
可我现在就想大显身手嘛！
对了！
小丸子又陷入了自己的想象中……
比如说一位外国王子来到清水镇买了很多礼物。
我用包袱皮解决了他打包的难题！
最后王子为表达感谢和我结婚！
さとう酒店
别说傻话啦！
呵呵……
小丸子，你打算嫁到国外吗？
爷爷，我只是打个比方啦！
嗯，那就好！
这位爷爷就爱瞎操心……

爷爷和小丸子打算去街上寻找“目标”。
小丸子，我们还是回家吧。
不嘛！包袱皮一定会派上用场的！
请问出什么事了？
这孩子吵着要我抱。
呜哇！
小丸子看到那位母亲的拎袋里装了许多东西。
阿姨，我们帮你拿东西吧！
这怎么好意思……
交给我们吧！
爷爷和小丸子开始施展“高超”的打包法。
完成！

本来是助人为乐的好事……
空き巣に
快看！
感觉好像小偷啊！
四人走过警署。
那个……呵呵……
难怪！爷爷背着包袱的样子活像小偷！
谢谢你们！
ひかげ荘
别客气，拜拜！
拜拜！谢谢你，小偷爷爷！
呃……
好心没好报。

夕阳西下。
我们用包袱皮做了一件好事呢！
是呀！
小丸子！快把房间整理干净！
是！
唉！怎么这么乱。
小丸子自有妙招解决。
泡澡最舒服啦……
整理得很干净嘛！
妈妈突然在书桌下发现一个大包袱。
原来小丸子把乱七八糟的东西都塞进了包袱里。
小丸子！！
还是被发现了……
用包袱皮干这种事，包袱皮也是有自尊的哟！
等等……别丢下我啊！

冬天的涂鸦

樱桃小丸子
ちびまる子ちゃん

冬季的某一天。
小丸子，你在干吗？
我在画你和我呀。
拜托你把我画得漂亮一点呀！
像这样！
哈哈！
姐妹俩玩得不亦乐乎，又在窗上画起了妈妈。
你们两个做什么呢？
啊！
一会儿把玻璃擦干净哟！
做贼心虚。
是……是！

啊哈哈……
姐妹俩及时挡住了玻璃窗。
妈妈一走开，小丸子起劲地又添了几笔。
加了犄角后更逼真啦！
这对姐妹在这种时候关系最融洽。
我洗好喽！
今天有秀树的专访，我要抓紧时间洗！
不行，让我先洗！
绝对不行！
可是8点我也有想看的节目啊！
咦？哪里？
啊！是秀树！

小丸子用计谋成功取胜。
妈妈！
小丸子洗好后你马上洗，就赶得上啦。
唔……
姐姐只好回到房间看杂志消磨时间。
这个小丸子洗得好慢啊！
啦啦啦！啦啦啦啦啦！
别唱啦！快给我洗！
真是的！
小丸子终于洗好了。
小丸子又在浴室的镜子上画起画来。
洗得好舒服！

你洗好了就早点说嘛！
不好意思。
只剩十分钟啦！
让开！
哇！
老碍事，闪一边去！
人家好不容易画好的画都被你擦掉了！
姐姐理都不理小丸子。
姐姐是笨蛋！
哼哼！
还是擦掉吧，万一被发现……
小丸子的画随着镜子上的雾气消失了。
咦？

秀树，你等我！
小丸子安心地回到房间看电视。
8時の
お笑い劇場
节目就要开始了！
哇！
好疼……
小丸子！！
啊？
因为浴室又涌出了热气，
小丸子的画现形了……
姐姐彻底愤怒了！
姐姐？
那幅画是什么意思？
毛巾也不放好，害我滑倒！
那是你自己不小心！

你说什么！
你想怎么样？
幸子，你不是要看秀树吗？
啊！！
让我们欢送西城秀树先生！
呃……
秀、秀树……
姐姐遭受了巨大的打击。
第二天。
你画的是便便吧！
哇哈哈！
同学们在玻璃窗上随意涂鸦。

小丸子，昨天的笑料剧场看了吗？
嗯！很有趣！
可是我看到一半，就被姐姐打断了。
糟了，今天是漫画发售日！
昨天我和姐姐吵架了，这下她不会借我看了。
小丸子回到家。
姐姐！
哼！
我不会借你漫画的。
什么嘛！小气鬼！
姐姐哭了。
我最讨厌小丸子！

姐姐……
对不起……
小丸子想起和姐姐一起画画的那天。
一个人画好无聊哦。
见小丸子在房里，姐姐生气地走了出去。
怎么办……
晚上。
姐姐晚安……
对小丸子来说，真是难熬的一夜。

天亮了。
呼噜……呼噜……
咦？
这个小丸子！
姐姐看到了什么呢？
小丸子，起床了！
嗯……
小丸子在书桌上发现了自己想看的漫画。
姐姐，你要借给我吗？
是啊！
你不生气了？
我已经原谅你了。
呵呵！
姐姐，等等我！
姐姐，对不起！
姐姐原谅小丸子的原因，正是冬日里那小小的涂鸦。

樱桃小丸子 ちびまる子ちゃん

小丸子的蜡烛

我整理就是了嘛。
年末大扫除
不应该吗？
真拿她没办法。
这是什么？
包得好好的呢。
是蜡烛！因为太
漂亮舍不得用！
快处理掉吧！
今年圣诞节我
也不会用……
你这样东西会
越积越多的！
知道了啦……

第二天。
咦？你还没扔掉？
做成人形的蜡烛
我下不了手。
蜡烛又不是
真的东西。
美环同学。
难道你没吃过圣诞老
人形状的饼干吗？
啊呜！
好吃！好吃！
圣诞节点蜡烛是
一件浪漫的事。
有点吓人呢……
嗯……

你们说什么哪！
那个……
哈哈……
有了！
我们是说在烛光中摇晃很好玩。
圣诞节用的蜡烛
我准备好了。
她在自我陶醉呢……
那些蜡烛点燃后
会发出香气哟！
香气？
小丸子立马想到的是
牛排和鳗鱼饭等等。
她好像误
会了……

小丸子回到家。
这个味道是……
你猜猜看！
是土豆炖肉吗？
不是哦。
是红烧鱼吧。
吓我一跳！
美环说她买了有美食香味的蜡烛！
有这种蜡烛？
不错啊。如果闻一闻就会满足的话……
倒想给你爸爸买支酒蜡烛！
哼！

说到蜡……
面店的食物样品也是用蜡做出来的。
清水
做得很逼真呢！
真的？
没错！
如果再带上食物的味道就绝了。
我可只听说过有花香味的蜡烛。
啊？
小丸子想，也许自己搞错了。
说到香味，我就想到鳗鱼饭啦！

只有你这个笨瓜才会这么联想……
结果美食蜡烛是不存在的么……
咦？
我刚才到底是为什么而折服啊！
爷爷也觉得有点荒唐。
呵呵呵……
真是爱做美梦的爷孙俩！
第二天。
做蜡烛？
嗯！妈妈说能做出有香气的蜡烛呢。
真的吗？

放学后。
小丸子来到小玉家学做蜡烛。
把用剩下的蜡烛放在一起。
碾碎蜡笔，用来上色。
这是香草精。
バニラ
有股冰激凌的味道哦！
真的耶！
在蜡烛水里放一点就好。
接下来就是等它们凝固了。
哇！好神奇！

用模子重新制作出的五彩蜡烛好漂亮！
能加鳗鱼酱汁就好了。
啊？
明年我想做有鳗鱼饭味道的蜡烛！
小丸子……
小玉不忍心泼冷水。
小丸子把这些蜡烛当成宝贝。
她打算在圣诞节那天把它们点燃。
真漂亮！
呵呵！
圣诞节当天。
我还是舍不得点啊……
小丸子决定把那些蜡烛保存起来。
就当做工艺品收藏吧！

樱桃小丸子 ちびまる子ちゃん

小丸子存钱

小丸子回到家。
妈妈，我想买杂志。
さとう酒店
自己买吧！给你今天的零用钱。
就这么点……
我来助小丸子一臂之力吧。
さとう酒店
不行！
老用甜言蜜语哄爷爷。
爸爸，您太惯着她了！
唔……

每天30日元……
唉……
…
姐姐，我根本买不起嘛！
…
距离新一期杂志发售还有11天的时间。
把零用钱存起来就行啦！
对哦！
第二天。
小玉，我决定开始存钱！
小丸子和小玉看见内田戴着一个漂亮的发卡。
是妈妈买给我的。
我也好想要……

放学后，两个女孩来到杂货店。
我中了一等奖！
我是二等奖！
我也想去抽呢。
小丸子，你还是忍忍吧。
对小丸子来说，这个世界有太多的诱惑。
距离新一期杂志的发售日还有4天。
快点！
连环画剧要开演喽！
小玉，我们去看吧！
不买零食不能看呢。
小丸子犹豫了。

孩子们，快来买啊！
我先走了。
呵、呵、呵……
你那是什么表情啊？
钱终于存起来啦！
小丸子为了存钱不容易啊……
爸爸，你在干吗？
我只是看看小丸子。
妈妈想和小丸子换100日元的零钱。
她不会答应的啦！
不用你管！

啊！
小丸子，用尺吧！
妈妈，够到了没？
一枚10日元的硬币滚进了墙脚。
妈妈越帮越忙，硬币滚到了墙根。
把书橱移开就好啦！
可恶！
终于到了杂志的发售日！
明
凡
新年特大号！
近時映
新春記念号
我要买这个！
小丸子满怀期待。
给您钱！
新年号入荷!!

钱不够耶……
啊？
特大号稍微贵一点。
シャンプー
& リンス
定価420円
什么！420日元？
受到打击的小丸子想找姐姐合买。
姐姐，帮帮我……
对不起，我要买别的杂志！
为了秀树签名的贺卡……咿呀！
呃……

小丸子，和爷爷去散步吧。
一路上，小丸子闷闷不乐。
两人来到神社。
啪！啪！
神啊！帮帮可怜的小丸子吧！
咳咳！
咦？
原来爷爷看见路边有一枚100日元的硬币。
Lucky!
我去把它交给神社的人。
啊？
御守
神社的人送了一个护身符给小丸子。

小丸子，你做得对！
爷爷为你感到骄傲！
夜里。
小丸子发烧了。
百惠小姐，等我啊！
三天后。
百惠小姐，我来喽！
什么？卖完了！
山口百惠人气很高呢！
为什么会这样！
小丸子觉得自己白做了一回好孩子……

樱桃小丸子

一起装点圣诞树吧

看来不能用了。
没关系，去别处看看吧。
小玉和小丸子出发了。
这里也没有。
冷杉好难找呀！
冷杉我家有哦！
真的？
小丸子和小玉跟着佐佐木爷爷回到家里。
佐々木呉服店
就在那里。
太好啦！

我们想把它装点成圣诞树！
当然可以。
两个女孩从家里带来好多装饰品。
呵呵！
这些也给你们用。
谢谢您！
爷爷家不过圣诞节吗？
好久没过了呢……
我来装点树梢吧！
大家都忙活了起来。
小丸子，那个是……
我把七夕的装饰品也带来了。

原来小丸子把两个节日的装饰品装在了一个箱子里。
真不好意思……
咦？
長く生きられますように
友蔵
让我活得久一点。
爷爷许过这样的愿望啊……
爷爷，那个我来放！
外面好吵啊！
完成！
你们安静点！
晴彦是佐佐木爷爷的孙子。
晴彦……

砰！
没法集中注意力啊！
晴彦躺在床上看起了漫画。
唔……
小丸子想为晴彦做点什么。
还缺什么吗？
需要一张铺礼物的毯子！
我去找找。
小丸子在写什么呢？
拿去吧！
这是榻榻米吧……

小丸子，圣诞树的装饰物呢？
我拿去佐佐木爷爷家了。
啊？
我们家的冷杉没法用啊。
刚才修剪过啦！
你又去哪儿？
小丸子背着一袋玩具赶往佐佐木爷爷家。
晴彦看见了楼下的圣诞树。
我刚才太过分了吧。

晴彦回想起小时候……
好大的圣诞树啊！
圣诞节真开心！
好久没过圣诞节了呢。
嗯？
这不是七夕的许愿签吗？
啊……
小玉也带来了自己的玩具。
大功告成啦！

和外国的圣诞树一模一样！
吃点东西吧！
你们辛苦了。
哪里！呵呵！
哇！
噗！
天气有点冷呢。
晴彦哥哥！
刚才对不起。
给！

是中华馒头！
吃了这个就暖和了！
谢谢你！
呵呵！
今天是圣诞夜，放松一下吧！
这棵圣诞树真美。
愿晴彦哥哥顺利考上高中。
きのお兄ちゃんが
うこうに
うかりますように
晚上。
今天累死我了！
快来装点圣诞树！
啊？
一天装点两次还真有点吃不消。

樱桃小丸子
ちびまる子ちゃん
© SAKURA PRODUCTION / NIPPON ANIMATION Licensed by SCLA
樱桃小丸子脑筋咕噜转
1
樱桃小丸子
脑筋咕噜转
序列规律
共6册
樱桃小丸子
ちびまる子ちゃん
经典漫画版【1】
一起玩吧！
冰
樱桃小丸子经典漫画
共18册

樱桃小丸子电视动画系列丛书
1
樱桃小丸子
ちびまる子ちゃん
© SAKURA PRODUCTION / NIPPON ANIMATION Licensed by SCLA
少年儿童出版社
共10册
樱桃小丸子
趣味图书系列
即将上市，
敬请期待！！
古灵精怪·机智幽默·趣味盎然

图书在版编目（CIP）数据

樱桃小丸子电视动画系列丛书10/日本动画株式会社著;上海世纪华创文化形象管理有限公司企划制作.
—上海：少年儿童出版社,2011.1
ISBN 978-7-5324-8540-6

Ⅰ.①樱… Ⅱ.①日…②上… Ⅲ.①动画:连环画—作品集—日本—现代 Ⅳ.①J238.7
中国版本图书馆CIP数据核字(2010)第204800号

樱桃小丸子电视动画系列丛书10

著 作 权 人　日本动画株式会社
企划·制作　上海世纪华创文化形象管理有限公司
制　　　作　游瑾雯　鞠芳芳　王　玥　黄　超　顾　亮　王梦菲　王晴燕　张子奇

责任编辑　王文心　施玉燕　美术编辑　龚海虹
责任校对　陶立新　技术编辑　胡厚源

出版：上海世纪出版股份有限公司少年儿童出版社
地址：上海延安西路1538号　邮编：200052
发行：上海世纪出版股份有限公司发行中心
地址：上海福建中路193号　邮编：200001
易文网:www.ewen.cc　少儿网:www.jcph.com
电子邮件：postmaster@jcph.com

印刷：上海锦佳装璜印刷发展公司
开本：787×1092　1/32　印张3
2011年1月第1版第1次印刷
ISBN 978-7-5324-8540-6/Z·1034
定价：10.00元